LE BUDGET

ET LES

NOUVEAUX IMPOTS.

SOLUTION PROPOSÉE

PAR

M. L. HENRY,

ANCIEN BANQUIER.

BRIVE,
Imprimerie VERLHAC, rues de Carbonnières et de Verlhac.
—
1873.

LE BUDGET ET LES NOUVEAUX IMPOTS.

SOLUTION PROPOSÉE

par

M. L. HENRY,

ANCIEN BANQUIER.

Avant-Propos.

—

Il n'est aucune question, selon nous, plus intéressante que celle du budget et des nouveaux impôts, qui s'agite en ce moment; car, si l'on continue à augmenter les charges déjà trop lourdes et presqu'intolérables qui pèsent sur les contribuables, c'en est fait de la prospérité du pays; et, nous ajouterons, c'en est fait aussi de la tranquillité publique : et, en effet, ce n'est qu'une affaire de temps, dans les conditions où l'on se trouve, c'est-à-dire avec des impôts qui ruinent le commerce et l'industrie, qui paralysent les affaires, qui font tout renchérir à l'excès, et qui condamnent ainsi les masses à de très grandes privations.

La question est donc fort grave et on ne saurait trop l'élucider.

Nous allons, en conséquence, l'examiner à fond, et nous ferons en sorte que la véritable solution, c'est-à-dire la plus favorable et en même temps la plus pratique, se dégage de cet examen.

Posons d'abord les principes qui doivent jalonner la route et nous guider dans nos recherches.

I. On ne résout les questions difficiles et ardues, qu'à la condition de les aborder résolûment, sans ambages, ni tergiversations, de s'affranchir de tout parti pris et de tout préjugé, de ne subir aucun prestige, aucune influence étrangère, et de n'écouter que la voix et les conseils du bon sens et de la raison.

II. On ne rémédie aux situations exceptionnelles qu'en employant des mesures et des moyens énergiques et exceptionnels.

III. Ce n'est pas dans un choix à faire parmi des impôts plus ou moins onéreux, que gît la question ; elle consiste dans les moyens d'en préserver le pays le plus possible, et même de l'en affranchir complètement si on le peut.

C'est donc dans cet ordre d'idées que nous allons marcher.

INTRODUCTION.

—

L'embarras que l'on éprouve en ce moment pour arriver à équilibrer le budget de l'Etat, n'est autre chose que le résultat et l'expiation, il en est beaucoup qui diraient d'une faute, nous voulons bien ne dire que d'une imprudence, qui porte ses fruits et sur laquelle il n'est plus possible aujourd'hui de se faire illusion.

Elle réside dans les arrangements pris vis-à-vis de la Banque de France et dans les dispositions relatives à l'amortissement.

Il est évident, en effet, que la situation ne permet pas d'allouer 200 millions par an pour cet objet.

C'est plus que du luxe ; or, tout luxe est en ce moment hors de saison et doit être banni, car les contribuables, sur lesquels il retombe, ont déjà bien assez à faire pour subvenir aux dépenses nécessaires et indispensables, sans aller au-delà.

Avant de s'ancrer d'avantage dans une voie que répudient et que réprouvent les circonstances, la première chose à faire, c'est donc de revenir sur ses pas et de prendre de nouvelles dispositions plus conformes à la logique et à la raison ; et, alors, la difficulté disparaîtra d'elle-même et comme par enchantement, ainsi du reste qu'on va pouvoir s'en assurer et s'en convaincre, en lisant les paragraphes suivants, où nous indiquerons quelles sont les mesures à prendre pour atteindre ce résultat.

§ Ier.

Nouveaux arrangements à prendre avec
la Banque de France.

La Banque de France a-t-elle besoin de la somme qui lui est dûe par l'Etat ? Nullement ; il y a plus, c'est qu'elle ne saura qu'en faire et comment l'employer lorsqu'elle lui aura été remboursée. Nous voyons, en effet, par ses bilans hebdomadaires, qu'elle a presque constamment en caisse une somme plus ou moins considérable qui reste improductive entre ses mains, parce qu'elle ne trouve pas à en faire usage dans ses opérations.

Dans cet état de choses, quel intérêt peut donc avoir la Banque de France à être remboursée promptement par l'Etat ?

Je n'en vois qu'un, c'est que cela lui permettrait de réduire le chiffre de son encaisse métallique, lequel, dans la situation où elle se trouve actuellement placée, constitue pour elle une charge assez lourde et dont ne la dédommage que très imparfaitement le faible revenu qu'elle reçoit du Trésor ; mais, on pourrait parfaitement bien, vu les circonstances et l'intérêt général, l'autoriser exceptionnellement à réduire son encaisse métallique dans la proportion de la somme qui lui est due par l'Etat.

Supposons que la chose soit faite et raisonnons d'après cette hypothèse ; alors, la situation change de face, car il est bien évinent que, dans ce cas, il n'existe plus pour la Banque aucune espèce d'intérêt à être remboursée promptement et qu'elle doit, au contraire, désirer que cet état de choses se prolonge le plus longtemps possible, à cause de l'intérêt qu'elle reçoit de l'Etat, et dont elle sera privée du jour où ce dernier se sera libéré envers elle.

Dans de telles conditions, je ne vois pas pour quels motifs, nous nous imposerions une gêne extrême à l'effet d'éteindre rapidement cette dette et pour quelles raisons nous ne nous donnerions pas les plus grandes facilités à cet égard.

Ainsi, pourquoi, par exemple, ne conviendrions-nous pas avec la Banque de nous acquitter, par voie d'annuités, et ne prendrions-nous pas un délai de trente années ? Il est bien entendu que, dans ce cas, la Banque de France serait autorisée à abaisser son encaisse métallique et à le ramener au chiffre de 500 millions et que le cours forcé serait maintenu. (Qu'on se rassure ; je vois l'objection ; j'y répondrai et j'indiquerai plus loin le moyen de tout concilier).

Voyons, en attendant, où conduirait cet arrangement et quel en serait le résultat.

Nous devons encore en ce moment à la Banque 1100 millions ; ajoutons-y, si l'on veut, 100 autres millions, à titre d'intérêt ou de commission fixés à forfait à ce chiffre, pour toute la durée du prêt ; ce serait alors 1200 millions à payer ; dans ces conditions, le chiffre de l'annuité ressortirait donc sur le pied de 40 millions, au lieu de 200 millions, chiffre actuel, et auquel il faut ajouter, en outre, les intérêts annuels, ce qui porte en ce moment la somme à 210 ou 211 millions.

Il résulterait donc de ces nouveaux arrangements, que le budget serait immédiatement allégé d'une somme qui varierait, entre 160 et 171 millions ; et, comme le déficit à combler ne s'élève, dit-on, qu'au chiffre de 149 millions, l'équilibre en ce moment l'objet de tant d'efforts

infructueux et après lequel on aspire, paraît-il, si vainement, viendrait alors s'offrir, en quelque sorte, de lui-
même ; et nous devons même faire remarquer, en passant,
qu'il nous arriverait avec un appoint ; puisque, dans cette
hypothèse, nous aurions, une fois le déficit comblé, un
excédant qui varierait entre 11 et 22 millions, selon
l'année, et qui, dans tous les cas, serait au moins de
11 millions.

Les choses seraient déjà bien simplifiées, comme on
peut le voir ; car, si n'était l'amortissement de la rente, la
difficulté serait entièrement levée et nous pourrions nous
en tenir là : en effet, notre but serait atteint, puisqu'il
n'existerait plus alors aucun motif de recourir encore une
fois à la bourse des contribuables et de leur faire subir une
nouvelle augmentation d'impôts.

Mais, l'amortissement réclame ses droits et il faut songer à faire sa part ; on y attache, je le sais, en haut lieu,
une très-grande importance et je n'ignore pas que M. le
Ministre des finances y tient essentiellement et qu'il n'est
nullement disposé à s'en passer. Je vais donc m'occuper
de ce soin dans le § suivant.

§ II.

Dispositions à prendre relativement à l'amortissement.

—

Quelle est la somme qu'il serait convenable et raison-
nable de consacrer à l'amortissement ?

C'est un point fort difficile à préciser, car, à cet égard, il n'y a rien d'absolu et tout dépend des circonstances où l'on se trouve, et cela, avec d'autant plus de raison, que ce qu'il faut voir et chercher dans l'amortissement, c'est bien plutôt un effet moral qu'un résultat matériel. Le point essentiel, c'est qu'il fonctionne d'une manière ostensible et certaine ; quant au chiffre de la somme qu'on y emploie, il n'a qu'une importance relative et secondaire.

Ainsi, alors même que nous serions dans une situation des plus brillantes et des plus florissantes, ce serait beaucoup assurément, d'y affecter 100 millions par an, car je ne crois pas que, même dans les temps les plus prospères, on y ait jamais employé une aussi forte somme.

Conséquemment, dans la situation où nous sommes, je crois que l'on ferait à l'amortissement une part très-large et très-suffisante, en y appliquant 60 millions par an, jusqu'au moment où l'Etat se sera entièrement libéré envers la Banque, et 100 millions à partir de ce moment, ce qui est logique et rationnel puisque, à cette époque, les 40 millions affectés au remboursement de la Banque deviendront disponibles.

Qu'il soit entendu, en outre, que nous ferons également profiter l'amortissement de tous les excédents qui pourraient se produire dans le budget, de même que, si nos prévisions et nos calculs, contre lesquels l'expérience a dû nous apprendre à nous tenir en garde, venaient encore une fois à être déçus et mis en défaut, nous ne convoquerions pas pour cela le ban et l'arrière ban des contribuables, pour leur demander de combler le déficit et de parfaire la somme stipulée en faveur de l'amortissement, et que nous nous contenterions, dans ce cas, de lui attribuer ce que nous aurions de disponible après avoir soldé les dépenses obligatoires ; et ce n'est que juste, car s'il profite des excédants, il doit aussi, par contre, subir la conséquence des déficits.

On voudra bien remarquer, en passant, que, par ce moyen, l'équilibre du buget serait toujours atteint, ce qu^{i} serait déjà un assez grand avantage.

On a déjà compris également, sans nul doute, quel serait le résultat de ces dispositions.

Elles fourniraient le moyen d'échapper à l'obligation d'exiger encore des contribuables la somme énorme de 149 millions, comme propose de le faire M. le Ministre des finances ; et on pourrait alors, en appliquant à l'amortissement l'excédant de 11 millions dont j'ai parlé dans le § précédent, se borner à demander au public le complément qui serait nécessaire, c'est-à-dire 49 millions au plus. Or, je n'ai pas besoin de faire remarquer combien la difficulté perdrait ainsi de son importance.

J'éprouve cependant un grand regret, car l'œuvre est encore imparfaite ! Combien le public eût été plus satisfait et combien sa reconnaissance eût été plus grande et plus complète, si on avait pu arriver à l'affranchir complétement de cette surtaxe et à l'exonérer entièrement de tous nouveaux subsides à fournir au budget, après tant d'autres !

Il y aurait bien un moyen, et je dois même dire que ce moyen est aussi simple en lui-même et tout aussi pratique que ceux dont je viens de faire l'exposé ; mais je n'ose me risquer à soulever le voile ; on en devine le motif : mais, si cette première tentative était couronnée de succès, je n'aurais plus les mêmes raisons et je n'hésiterai plus alors à me départir de la réserve qui m'est imposée en ce moment.

§ III.

Objections. — Réfutation.

Il n'est pas une idée nouvelle, si juste et bien fondée qu'elle soit, qui n'éveille la contradiction, surtout quand elle ne s'impose pas par l'estampille dont elle est revêtue ; je ne connais que trop cette loi de l'esprit humain, et je n'ai, certes, ni la prétention, ni l'espoir d'y échapper.

Je vais donc chercher à découvrir quels sont les motifs qui pourraient raisonnablement s'opposer à l'adoption et à la mise en pratique des dispositions dont je viens ici de me faire l'organe et l'apôtre.

Voyons, que peut-on m'objecter ?

Serait-ce la longueur du délai pour rembourser la Banque ?

Mais, ce ne sera sans doute pas M. le Ministre des finances qui me fera cette observation, car, alors, je lui opposerais, à mon tour, les *obligations trentenaires*, lesquelles, si je suis bien renseigné, doivent être l'une de ses œuvres et de ses conceptions.

Or, je le demande, quelle différence verrait-on, entre les obligations dont-il s'agit et les trente annuités à payer à la Banque ? N'est-il pas évident qu'au fond la chose est absolument la même, sauf le chiffre et la forme.

Il y aurait cependant, entre les deux systèmes, une différence fort essentielle et que conséquemment je ne dois point passer sous silence ; c'est que les obligations *trente-*

naires émises dans le public, et il en serait de même de tout les titres que l'on pourrait encore émettre, rente, obligations, ou bons du trésor, ont eu pour effet, à cause des intérêts qui sont inséparables de ces sortes de titres, de faire peser sur le trésor une charge assez lourde, tandis qu'avec le moyen que je propose, l'Etat en serait pour ainsi dire complétement exonéré, et que ce mode aurait ainsi, sur tous les autres, l'avantage de procurer une économie, dont le chiffre peut être évalué à un milliard environ. Or, dans la situation précaire où nous sommes, c'est une aubaine qui n'est point à dédaigner et qui me semblerait bonne à recueillir, puisqu'on le peut et que la chose est si facile. Et d'ailleurs, plus on y réfléchira et plus on reconnaîtra que c'est aujourd'hui le seul moyen de sortir et de se retirer honorablement de l'impasse où l'on s'est si malheureusement engagé, et, à laquelle on chercherait vainement une autre issue favorable.

C'est très-bien, dira-t-on, mais il faut que la Banque consente ; sans doute, eh bien, aurait-on la crainte d'éprouver un échec de ce côté ?

Mais, pour admettre cette hypothèse, il faudrait supposer que MM. les Régents de la Banque méconnaissent son origine et qu'ils pêchent, tout à la fois, par un défaut d'intelligence et par le manque de patriotisme ; d'intelligence, en repoussant une opération qui grossirait, de 3 millions par an et plus, le dividende des actionnaires de la Banque, ce qui ne se rencontre pas tous les jours, même quand on est Banque de France ; et de patriotisme, en refusant de se prêter à une combinaison que réclament les intérêts du pays, auquel ils se doivent bien aussi un peu, car la Banque n'est pas qu'un établissement privé ;

or, je ne ferai certes pas à MM. les Régents une injure aussi gratuite et contre laquelle protestent tous leurs actes.

Trouverait-on quelque inconvénient à ce que l'encaisse métallique de la Banque fût abaissé au chiffre de 500 millions ? mais où est cet inconvénient, si l'on maintient le cours forcé ?

Que nous importe, en effet, dans ce cas, qu'il y ait en espèces à la Banque, une somme plus ou moins forte en numéraire, puisqu'elle n'en délivre à personne ?

Au lieu de 7 à 800 millions, dont se compose actuellement son encaisse métallique, ne se composerait-il même que de la moitié, que la situation serait absolument la même pour le public, puisqu'il ne peut pas obliger la Banque à lui remettre des espèces ; et j'ose dire que cela n'empêcherait nullement les billets de circuler, et qu'il n'en serait ni plus ni moins.

De bonne foi, peut-on supposer que si les billets sont admis avec tant de facilité dans la circulation, cela tient à l'encaisse métallique, et ne voit-on pas que l'encaisse métallique ne joue ici qu'un rôle très secondaire et que c'est principalement, pour ne pas dire complètement, aux garanties de tout repos, dont la Banque s'entoure dans ses opérations, que doit-être attribuée la très légitime faveur dont jouissent ses billets ?

Que signifierait, en effet, un encaisse métallique de 7 à 800 millions pour garantir 3 milliards ? S'il n'y avait que cette considération, il faut convenir qu'elle ne serait pas fort engageante, et je comprendrais fort bien qu'à la moindre crise, on se portât en foule vers la Banque pour

exiger son remboursement ; j'avoue même très franche-
ment, bien que je ne sois pas très timoré de ma nature,
qu'en pareil cas, je ne serais pas le dernier ; tandis
qu'au contraire, grâce aux autres garanties que m'offre la
Banque, je ne me préoccupe nullement, je le déclare,
de son encaisse métallique, et qu'il soit faible ou considérable, cela m'est bien indifférent, et que même n'y en
eût il aucun, cela me serait encore fort égal, et ne
diminuerait absolument en rien l'affection que je professe
pour le billet de Banque, affection du reste bien natu-
relle et bien justifiée, on doit le reconnaître, car si l'or et
l'argent nous abandonnent, et menacent de n'être bien
tôt plus pour nous qu'une chimère, le billet de banque,
du moins nous est constant et nous reste fidèle, et je ne
sais, sans lui, où nous en serions.

Il ne faut donc pas nous montrer trop exigeants à son
égard et lui rendre l'existence par trop difficile et par
trop pénible.

Donc, qu'il y ait à la Banque 700 millions de numéraire, ou qu'il n'y en ait que pour 500 millions, j'aime à
croire qu'il ne se rencontrera personne au monde, ayant
l'esprit assez mal fait pour retirer sa confiance au billet
de banque et refuser de lui faire bon accueil ; et si le cas
se présentait, le cours forcé serait là pour mettre à la
raison le récalcitrant, et tout serait dit.

Bien, dira-t-on, mais alors, il faut maintenir le cours
forcé pendant longtemps encore, tandis qu'au contraire,
si je comprends bien ce qui se passe dans les hautes
régions gouvernementales, on aurait la pensée et le
désir de revenir, le plus tôt possible, à l'ancien système,
c'est à dire au remboursement des billets à vue.

Eh bien, je suis fort loin, je n'hésite pas à le déclarer, bien que je sâche à quoi je m'expose en faisant cet aveu, de partager cet engouement pour le retour au régime dont il s'agit ; et, si par malheur, on commettait encore cette imprudence, je considérerais que la mesure est comble, et ce serait à mes yeux le cas de répéter ces paroles devenues célèbres « *il ne reste plus aucune faute à commettre.* »

En effet, comment, dans l'état général de la situation monétaire, soit de l'Europe soit des autres pays, peut-on songer à rétablir une mesure qui ne manquerait pas de devenir très-prochainement la source des plus grands embarras pour la Banque de France, et sur le danger de laquelle je ne veux pas m'appesantir davantage, par la raison que la prudence me fait un devoir de n'en parler qu'à mots couverts et voilés.

Et d'ailleurs, pourquoi supprimerait-on le cours forcé ?

Quels sont les reproches que l'on peut être en droit de lui adresser et en quoi a-t-il pu nous desservir ?

On ne l'accusera sans doute pas d'être nuisible au crédit de la Banque et de lui porter tort en mettant obstacle à la circulation de ses billets, car les bilans de la Banque sont là pour faire justice de cette allégation, puisque le chiffre des billets en circulation, dans ce moment, s'élève à près de trois milliards, ce qui est un argument sans réplique : je ne vois pas, en effet, ce que pourrait faire de mieux, sous ce rapport, le régime après lequel on aspire, probablement plutôt par un reste d'habitude que pour toute autre raison, car, je le répète, j'ai beau chercher, je n'en vois aucune de technique et de concluante. Voilà pour ce qui touche à la Banque.

En ce qui regarde maintenant le public, à qui le cours forcé a-t-il porté préjudice? Qui est-ce qui s'en plaint et demande qu'il soit supprimé?

Enfin, où est la nécessité, où est l'utilité, soit pour l'Etat, soit pour le public, soit pour la Banque, que ce mode, qui nous offre toute sécurité et qui nous a déjà rendu de si grands services, cède la place à un régime qui est bien loin de nous offrir les mêmes avantages; et la preuve, c'est que nous avons été obligés de l'abandonner déjà bien des fois et de nous placer sous la protection et la sauvegarde du système que l'on voudrait aujourd'hui proscrire, sans songer et sans prendre garde que l'on sera peut-être obligé de le rappeler demain et de réclamer de nouveau son intervention et son assistance. Or, pourquoi s'y exposer? Puisque nous sommes assez heureux pour le posséder et que nous nous en trouvons bien, gardons-le; ne fût-ce que par reconnaissance; et j'ai idée que nous aurons encore maintefois l'occasion de nous féliciter de lui avoir donné cette marque de gratitude.

Au surplus, que l'on consulte le public, et qu'on lui soumette la question qui doit se résumer ainsi : « Il faut de deux choses l'une; que nous maintenions le cours forcé, ou que nous augmentions les impôts ; que préférez-vous? Et l'on verra bien quelle sera la réponse.

Il y aurait, d'ailleurs, un moyen fort simple de tout concilier, ce serait d'avoir tout à la fois l'un et l'autre mode, et de s'en servir comme de correctif, l'un par rapport à l'autre, de manière à remédier aux inconvénients, et à se réserver les avantages qui sont propres à chacun d'eux.

Je ne vois rien, en effet, qui s'oppose à ce que les

deux systèmes puissent fonctionner simultanément et côte à côte, sans rivalité et sans esprit de concurrence. Il suffirait, pour cela, de modifier légèrement les conditions ordinaires du remboursement à vue : au lieu d'être obligatoire, comme par le passé, pour la Banque, il faudrait qu'il fût rendu-facultatif pour elle, et qu'elle fût autorisée, en outre, à percevoir un droit de change sur les échanges de billets contre espèces, avec faculté pour elle d'élever ou d'abaisser, à volonté, ce droit de change, selon les circonstances.

Ce serait, en quelque sorte, l'escompte à deux degrés : au premier guichet, on recevrait seulement des billets, et on ne paierait que le taux de l'escompte; si on voulait avoir des espèces, on passerait au second guichet, on paierait le droit de change et on recevrait des espèces contre la remise des billets : de cette manière, chacun paierait en raison de ce qu'il voudrait avoir. S'il survenait une crise monétaire, la Banque élèverait le taux du droit de change, mais le taux de l'escompte pourrait rester stationnaire, et alors, ceux-là seuls auraient à supporter les effets de la crise qui voudraient avoir des espèces, tandis qu'aujourd'hui, elles retombent indistinctement sur tout le public, ce qui n'est pas très-logique, car il n'est pas rationnel, parce que les espèces deviennent rares, de faire payer plus cher l'escompte à ceux qui ne demandent pas de numéraire et aux quels des billets suffisent.

Il est facile de voir et on doit reconnaître que si nous étions placés sous ce régime, ce serait infiniment plus avantageux pour tout le monde, la Banque comme le public; pour la Banque, car elle serait ainsi, évidemment, beaucoup mieux garantie et abritée contre les crises monétaires, qu'elle ne l'était autrefois et qu'elle ne le serait encore, si on commettait l'imprudence de rétablir le remboursement à vue pur et simple et sans l'accompagner d'aucune disposition restrictive et tutélaire pour la Banque.

Quant au public, il aurait recouvré, au moyen de ce système, la possibilité de se procurer, en cas de besoin, des espèces à la Banque, facilité dont il est en ce moment privé ; et, dès lors, le cours forcé ne présenterait plus pour lui aucune espèce d'inconvénient et il n'en serait que plus intéressé à ce qu'il fût maintenu.

La Banque y trouverait aussi, d'un autre côté, un certain profit, à cause du droit de change qu'elle percevrait, et cela lui permettrait probablement d'abaisser le tarif de ses escomptes à un taux plus modéré et de l'y maintenir beaucoup plus régulièrement que par le passé, ce qui est encore fort à considérer pour le public.

Elle pourrait d'autant mieux le faire, qu'au moyen des nouveaux arrangements que je propose de prendre avec elle, et dont il a été question dans le premier paragraphe, elle aurait à recevoir de l'Etat un revenu bien clair et bien net de 3 millions et plus par an, pendant 30 années, lequel viendrait s'ajouter au produit ordinaire de ses escomptes ; et cela lui permettrait conséquemment de traiter le public beaucoup plus favorablement qu'elle n'a pu le faire jusqu'ici.

Il me semble donc qu'au moyen de la mesure que je viens d'indiquer, toute incertitude doit cesser sur la question en litige ; et je considère que ce premier point doit m'être acquis.

Passons à ce qui regarde l'amortissement.

On ne peut raisonnablement m'objecter qu'une seule chose, c'est qu'avec le mode que je propose d'adopter, l'allocation, se trouvant de beaucoup réduite, l'amortissement se ferait aussi beaucoup plus lentement.

A cela, je réponds par le proverbe qui dit que *le mieux est l'ennemi du bien*, et j'ajoute que c'est ici le cas de le dire, même en ne considérant les choses qu'au point de vue de l'Etat, le seul dont je m'occupe en ce moment.

La raison en est fort simple, c'est que plus on grossit les charges d'un budget et plus on doit éprouver de dif- ficultées pour arriver à l'équilibrer, (nous en avons du reste la preuve sous les yeux), et j'en conclus qu'il est fort à craindre que pour avoir voulu trop bien faire et s'être montré un peu trop friand, on n'ait fait que créer, en définitive, une source d'embarras continuels pour le trésor, et que la mesure ne soit ainsi bien plus funeste et préjudiciable qu'utile et profitable.

Rien ne prouve, en effet, du train dont marchent les choses, que l'on ne se retrouvera pas, avant qu'il soit bien longtemps, en présence d'un nouveau déficit ; car malheureusement l'expérience est là et elle ne légitime que trop une telle supposition, surtout avec des impôts de consommation et les affaires en souffrance, car, on peut bien décréter des impôts, mais on ne décrète pas des consommateurs. Or, si le cas prévu se produit, que fera-t-on ?

La situation deviendrait épineuse ; car on ne peut pas toujours créer des impôts ; après tout, il faut bien qu'il y ait une fin ; et on ne peut pas non plus émettre des emprunts pour amortir de la rente : ce serait une chose bien singulière ; le Ministre des finances remettrait une inscription d'une main, et il la retirerait de l'autre ; [cela ne ferait pas faire un bien grand pas à l'amortissement et un tel spectacle ne pourrait pas beaucoup servir le crédit de l'Etat.

Il n'existe cependant pas d'autre alternative, car le dilemme est là : ou des impôts ou des emprunts, à moins, toutefois, que ce ne soit les deux à la fois, ce qui ne changerait pas et n'améliorerait pas beaucoup la situation.

Il faut donc bien reconnaître qu'avec les dispositions que l'on a prises, l'incertitude plane sur l'avenir ; or, il n'est rien de pire que l'incertitude pour le crédit, parce qu'alors chacun peut commenter les choses à sa manière et qu'en pareil cas, la majorité est toujours du côté des pessimistes, l'esprit humain étant généralement plus prompt à s'alarmer et à voir les choses en mal, qu'à les voir en bien et à se tranquiliser.

Du reste, la situation y prête d'autant plus, que les dispositions que l'on a prises auront pour effet de laisser, pendant longtemps, le champ libre aux suppositions, ce qui est encore une faute, à mes yeux.

On voudra bien remarquer, en effet, que par suite de la manière dont les choses ont été arrangées et combinées, l'amortissement ne doit commencer a fonctionner que lorsque la Banque aura été soldée, ce qui n'aura lieu que dans six années environ. Il en résulte donc que d'ici là on ne verra point fonctionner l'amortissement et que jusqu'à la dite époque, c'est-à-dire pendant ces six années, la rente restera abandonnée à elle même, d'où je tire cette conclusion que si on s'est organisé de manière à pouvoir un jour la soutenir et l'épauler vigoureusement, en revanche, on lui fait acheter par une bien longue attente ce secours lointain.

Elle en aurait cependant aujourd'hui besoin plus que jamais, car, il est fort à craindre que, faute de ce puissant levier, elle ne puisse franchir le seuil des hauts cours et qu'elle soit condamnée, à languir longtemps encore dans l'espèce d'impasse où elle se tient en ce moment, sans pouvoir en sortir.

Eh bien, avec le mode que je propose d'adopter pour l'amortissent, et dont j'ai rendu compte plus haut, on échapperait à tous ces inconvénients à la fois.

En effet, avec ces dispositions le budget serait évidemment bien plus facile à équilibrer, puisqu'il faudrait 100 millions de moins par an; on serait alors tout à fait à couvert contre les déficits ainsi que je l'ai expliqué et l'amortissement serait ainsi assuré avec bien plus de certitude.

En outre, et c'est ici la chose la plus importante et la plus essentielle de toutes, avec ce système, nous ne serions pas obligés d'attendre six mortelles années pour voir l'amortissement à l'œuvre, car il pourrait alors fonctionner dès à présent, ce qui donnerait le moyen de porter de suite à la rente l'aide et l'appui dont-elle a besoin.

Ainsi, même au point de vue du crédit de l'Etat, le mode que j'ai indiqué doit être préféré, car « *il vaut mieux un tu l'as, que deux tu l'auras.* »

Et d'ailleurs, dans la situation où l'on se trouve, un amortissement de 200 millions par an est une impossibilité : demander cette somme aux contribuables, c'est à peu près comme si on leur disait : « *ruinez-vous, pour nous donner le moyen d'améliorer un jour votre position.* »

§ IV.

Conclusion.

Si l'on compare les combinaisons, dont je viens de faire l'exposé, aux moyens qui ont été mis en avant jusqu'à ce jour, on reconnaîtra, je le pense, que la solution qui s'en dégage est incontestablement la plus favorable qui se soit encore produite ; et, on en concluera sans doute qu'elle doit avoir le pas sur toutes les autres, puisque c'est celle qui donne la plus entière satisfaction à tous les intérêts engagés dans la question.

Aux contribuables, et particulièrement à l'industrie et au commerce, en leur procurant une économie de 100 millions par an.

A la Banque de France, en lui faisant réaliser un bénéfice bien clair et bien net de plus de 3 millions pendant 30 années, et en offrant, en outre, pour son crédit, la meilleure sauvegarde.

Et, enfin, à l'Etat, en assurant désormais, avec une entière certitude, l'équilibre du budget et en donnant, de plus, le moyen de disposer, dès à présent, d'une somme assez importante pour l'amortissement de la rente, ce qui aurait pour effet d'asseoir son crédit sur des bases de plus en plus certaines et palpables.

Si telle est l'opinion du public, c'est à lui à me

donner les moyens de faire triompher cette idée, en joignant ses efforts aux miens pour faire aboutir ce nouveau système.

L. HENRY,

Ancien banquier.

Au Prieur, près Brive, le 26 décembre 1873.

NOTA : Je me propose d'adresser, dans le but que je viens d'indiquer, une pétition à l'Assemblée nationale. Je prie les personnes qui seraient disposées à m'appuyer dans cette circonstance, de vouloir bien m'envoyer sans retard leur adhésion :

Soit au Prieur, près Brive; soit à Paris, 15, rue Richer.

LETTRE

Adressée à M. le Ministre des finances.

Monsieur le Ministre,

Je suis un ancien banquier, et j'ai aujourd'hui de très grands intérêts dans l'industrie ; vous comprendrez aisément, d'après cela, monsieur le Ministre, combien me touchent de prés et m'intéressent vivement les mesures financières prises par l'Etat, et particulièrement, celles qui ont trait aux impôts ; et, vous ne serez, sans doute pas, étonné de m'entendre vous dire que je prête à ces mesures la plus grande attention et que je les suis, en quelque sorte, pas à pas.

Or, je ne vous laisserai pas ignorer, monsieur le Ministre, combien j'ai été péniblement impressionné et même attristé, quand j'ai vu fondre sur le pays, comme une véritable avalanche, cette série interminable de mesures fiscales qui ont été votées en 1871, et qui nous ont fait une situation toute nouvelle.

Comme banquier, ayant une certaine habitude des rouages financiers, il ne m'a pas fallu longtemps pour juger ce nouveau régime, et je n'en ai rien auguré de bon ; car, à mes yeux, ce n'est autre chose que l'absorption, par l'État, de la fortune privée, et l'anéantissement de la prospérité publique.

Comme industriel, je l'ai vu à l'œuvre et j'en ai

ressenti les effets ; or, l'opinion de l'industriel n'a pas
tardé à venir corroborer et confirmer complètement
celle du banquier.

Au surplus, il n'est pas nécessaire d'être bien versé
dans la science de l'économie financière et sociale, pour
comprendre où nous allons avec un système, qui a ap-
porté une atteinte si grave au commerce et à l'industrie,
qui tend à enrayer et à paralyser de plus en plus les
affaires et qui, par surcroit, doit avoir pour conséquence
de rendre la vie impossible pour les masses, en faisant
renchérir, outre mesure, toutes choses ; et il n'est pas
difficile de prévoir qu'elle doit être la fin de tout cela.

Jusqu'ici, l'excuse de la nécessité a tout dominé et le
mécontentement s'est contenu ; mais il ne faudrait pas
trop s'endormir sur cette situation, car elle n'est pas
exempte de périls.

Aussi, Monsieur le Ministre, ai-je cru accomplir un
acte véritablement utile, en me livrant à certaines recherches, afin de voir par quels moyens on pourrait arriver à
remédier à un si fâcheux état de choses et à conjurer le
mal naissant ; et, je viens de publier, à ce sujet, une
brochure dont j'ai l'honneur de vous adresser un exem-
plaire.

Il ressort de cette brochure, ainsi que vous pourrez le
voir et vous en convaincre, Monsieur le Ministre, si vous
voulez bien prendre la peine d'y jeter un coup d'œil,
que le budget peut être parfaitement équilibré, par les
moyens que j'indique dans la brochure, en se bornant à
augmenter les impôts de la somme de 49 millions, au
lieu de 149 millions comme vous le proposez.

Je dois ajouter, Monsieur le Ministre, que bien loin
de porter le trouble et la perturbation dans les finances

de l'Etat, la combinaison dont il s'agit aurait, au contraire, pour effet d'en consolider l'économie en fournissant une meilleure assiette pour l'équilibre du buget, de sorte que tout milite en sa faveur, l'intérêt du trésor comme celui des contribuables.

Je m'estimerais bien heureux, monsieur le Ministre, et je bénirais, de tout cœur, la pensée que j'ai eue, si les considérations que je viens de faire passer sous vos yeux, avec un peu plus de bon vouloir peut-être que de véritable tactique, (mais votre haute expérience est là pour y suppléer), pouvaient avoir pour effet de vous amener à partager mes vues, et s'il pouvait en résulter, pour le pays, une solution favorable, jusqu'à ce jour inespérée; et, j'ose dire, monsieur le Ministre, que ce ne serait pas là votre moindre titre à sa très légitime reconnaissance.

Veuillez, agréer, etc., etc.

L. HENRY,
Ancien banquier.

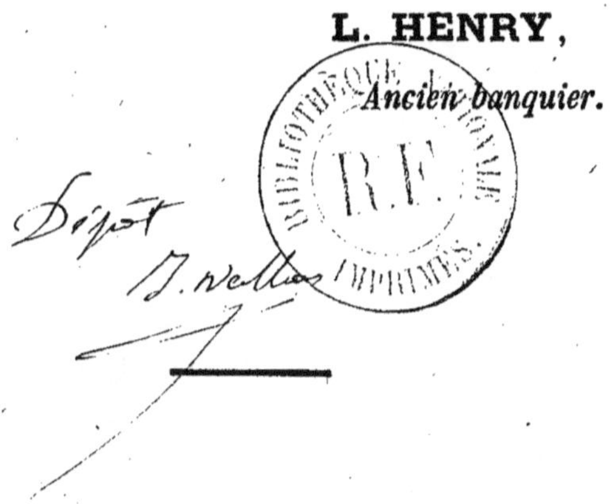